大川隆法の守護霊霊言

ユートピア実現への挑戦

大川隆法
RYUHO OKAWA

本霊言は、2013年7月12日（写真上・下）、幸福の科学総合本部にて、
質問者との対話形式で公開収録された。

まえがき

私は数多くの霊言集《れいげんしゅう》を出し続けている。霊界の存在証明、魂が本来の自己であることの証明、ひいては、神仏やその助けをしている菩薩《ぼさつ》や天使たちの存在の証明が主たる目的である。無神論《むしんろん》・唯物論《ゆいぶつろん》に支配され、自分の生命《いのち》をこの世限りのものと思わせて利益を得るのは悪魔《あくま》たちである。そこには利己的遺伝子《りこてきいでんし》のままに生きる人々にとって有利な政治世界が広がるだろう。宏大無辺《こうだいむへん》な不毛地帯《ふもうちたい》である。

さて、私の霊言集の中でも「守護霊霊言《しゅごれいれいげん》」なるものが理解できないという人もいる。生きている人間が頭脳で考えているはずなのに、守護霊という名の本人の潜在意識《せんざいいしき》が本心を語るとはどういうことか、ということだ。社長や編集長の守護霊霊言を出された出版社から、記事にて「大川隆法の守護霊霊言」を出してほしいと言ってきた。「面白い。」これなら、「あくまで霊人の意見であり、幸福の科学グループとしての見解と矛盾《むじゅん》」してもよいとは言えない。「八十七分」で語って一冊となった本書がその答えである。

二〇一三年　七月十三日

幸福《こうふく》の科学《かがく》グループ創始者兼総裁《そうししゃけんそうさい》　大川隆法《おおかわりゅうほう》

大川隆法の守護霊霊言　目次

大川隆法《おおかわりゅうほう》の守護霊霊言《しゅごれいれいげん》

――ユートピア実現への挑戦《ちょうせん》――

二〇一三年七月十二日　収録
東京都・幸福の科学総合本部にて

2

「霊言現象《れいげんげんしょう》」とは、あの世の霊存在の言葉を語り下ろす現象のことをいう。これは高度な悟《さと》りを開いた者に特有のものであり、「霊媒現象《れいばいげんしょう》」(トランス状態になって意識を失い、霊が一方的にしゃべる現象)とは異なる。外国人霊の霊言の場合には、霊言現象を行う者の言語中枢《ちゅうすう》から、必要な言葉を選び出し、日本語で語ることも可能である。

大川《おおかわ》隆法《りゅうほう》の守護《しゅご》霊霊言《れいれいげん》

——ユートピア実現への挑戦《ちょうせん》——

二〇一三年七月十二日　収録

東京都・幸福の科学総合本部にて

質問者　※質問順

里村英一《さとむらえいいち》（幸福の科学専務理事・広報局担当）

宇田典弘《うだのりひろ》（幸福の科学人事局 兼《けん》 関連事業担当副理事長）

金澤由美子《かなざわゆみこ》（幸福の科学指導研修局長）

［役職は収録時点のもの］

1　マスコミの〝要望〟に応《こた》える

「大川隆法に本心を訊《き》きたい」と思い始めたマスコミ

大川隆法　今回は、まことに変わった趣旨《しゅし》で、霊言《れいげん》の収録を行うことになりました。

実は、某《ぼう》雑誌に、「大川隆法の守護霊の霊言も聞きたい」という記事が載《の》ったのです。もちろん、からかい半分だろうとは思います。

幸福の科学は、たくさんの霊言集《れいげんしゅう》を出していますが、亡《な》くなった方《かた》の霊言だけではなく、現に生きて活動しておられる方の守護霊《しゅごれい》霊言というものも出しています。

これについては、当会が一方的に守護霊をお呼びし、霊言を出しているのであり、「ご本人の考えと一致《いっち》しているか、一致していないか」ということについて、いちいち確認しているわけではありません。

ただ、そうしたなかにあって、日本のマスコミは、「宗教に関しては沈《ちん》黙《もく》する」というかたちで、一種の〝黙殺権力〟を行使していたかのようではありましたが、そろそろ、我慢《がまん》ができなくなってきつつあるのではないでしょうか。

『素顔《すがお》の大川隆法』（幸福の科学出版刊）が出たあたりで、「少しは大川隆法にインタビューをさせろ」という思いが出てきたような「空気」を感じるのです。

まだ生きていて名のある人の守護霊なるものを呼んで、「本心」を語らせている以上、マスコミの側にも、「大川隆法の守護霊を呼び出して、本心は何なのか、訊《き》いてみたい」という気持ちはあるでしょう。

ただ、彼らには、「濁世《じょくせ》に生きる者として、修行《しゅぎょう》をしていない身の哀《あわ》れで、直接、インタビューをさせてはもらえないだろう」という自覚もあるために、「代わりに、そちらで出してもらえないだろうか」という気持ちが一部あるのだと思います。

あまりにも意地の悪いところまで相手をするかどうかは別として、当会が、いろいろな人の守護霊霊言を出している以上、確かに、「大川隆法の守護霊を呼んだら、誰《だれ》が出てきて、どういう意見を述べるのか」ということは、世間《せけん》的には関心があるのかもしれません。

私の守護霊は「仏像の頭に幾《いく》つかある顔の一つ」

大川隆法　ちなみに、仏像には、十一面観音《じゅういちめんかんのん》や千手《せんじゅ》観音など、頭の周りの部分に幾《いく》つかの顔がついているものがありますけれども、昔の人は、霊的《れいてき》な真実が表現されていることを、ある程度、知っていたように思います。

つまり、これから私の守護霊霊言を行いますが、おそらく、「仏像の頭に幾つかある顔の一つ」というかたちになるでしょう。

〝顔〟が幾つもある理由は、結局、この世には多種多様な人が生きていますので、それぞれの人たちを救済するためには、やはり、いろいろな面を持っていないと無理だからです。

いずれにしても、「大川隆法の守護霊」というかたちで呼べば、いったい誰が出てくるのでしょうか。これまで、世間で活躍《かつやく》している方についても、「守護霊」というかたちで呼びましたが、その場合、何らかの選択《せんたく》が働いて、おそらく、魂《たましい》の兄弟《きょうだい》のうち、本人の現在の活動に最も深くかかわっている霊人《れいじん》が出てきているのだろうと思いますが、今日も同じように、フェアにやってみたいと考えています。

私に関してマスコミが知りたいのは、「幸福の科学や幸福実現党の活動等について、総裁である大川隆法が人間としての頭脳で考えている部分が、どの程度あるのか。それは、本心としての守護霊の考えと一致しているのか、いないのか。また、どの程度、乖離《かいり》があるのか。あるいは、霊的な働きが、多種類、加わり、さまざまな面が合わさって出てきているため、アイデンティファイ（識別）できないようなものなのか」というあたりのことでしょう。

ただ、私の考えと守護霊の考えとが一致するかどうかは分かりませんし、まったく一致しないかもしれないので、その場合には、広報局にてフォローをしていただきたいと思います（笑）。

まったく一致しない場合は、「戦前の軍部の独走ならぬ、弟子《でし》の暴走というものがあるために、このようになっております」というかたちになるかもしれませんが、そのときにはお許しを願いたいと思います。

いろいろなことをしているので、全部をカバーし切れないとは思いますが、「大川隆法の守護霊」を呼んだら、どういうかたちで出てくるか、他の方のときと同じように、フェアな立場でやってみたいと思います。

（質問者に）よろしくお願いします。

「大川隆法の守護霊」を招霊《しょうれい》する

大川隆法　当会は、さまざまな霊言を出しており、そのなかには、生きている人の守護霊の霊言もありますが、それらを出している本人の責任というものもあるので、外部から、「大川隆法の本心を知りたい」という考えがあって当然かと思われます。

そこで、今日は、トライアルとして、「大川隆法の守護霊霊言」なるものを試みてみたいと思います。

（合掌《がっしょう》し、瞑目《めいもく》する）

幸福の科学総裁にして、幸福実現党の総裁でもある、大川隆法の守護霊よ。

願わくば、幸福の科学総合本部に降りたまいて、他《た》の人々のために、その本心を明かしたまえ。

（約三十秒間の沈黙）

2 「日本国憲法」の問題点

現代の政治制度には限界がある

里村　おはようございます。

大川隆法守護霊　うむ。

里村　大川隆法総裁の守護霊様でしょうか。

大川隆法守護霊　うむ。

里村　本日は、このような史上初の機会を賜《たまわ》り、本当にありがとうございます。

大川隆法守護霊　うむ。

里村　それでは、これより幾《いく》つか質問をさせていただきます。よろしくお願いいたします。

大川隆法守護霊　うむ。

里村　現在、日本においては、参議院議員選挙が行われており、たいへん賑《にぎ》やかな状態になっていますが、政治において、選挙や民主主義というものは、人類史のなかで必ずしも普通《ふつう》に行われていたことではありません。

大川隆法総裁は、先般《せんぱん》、「御生誕祭《ごせいたんさい》」での御法話《ごほうわ》（二〇一三年七月六日説法《せっぽう》「幸福への決断」）のなかで、平気で嘘《うそ》が横行する政治を批判なさいましたけれども、守護霊様は、今の日本の政治や選挙戦について、どのようにご覧になっていますでしょうか。

大川隆法守護霊　たいへん騒《さわ》がしいことであるかなと思っています。私の目から見るかぎり、真理は明らかであって、あれほど賑やかにやる必要はないのではないかと思う。

里村　やはり、選挙そのもののなかに、天上界《てんじょうかい》の意志とは違《ちが》うものがあるのでしょうか。

大川隆法守護霊　近代ヨーロッパの思想が大きく影響《えいきょう》しているのであろう

けれども、すべてではないな。だから、「現代の政治制度を発明し、開発した者たちが、オールマイティー（完全）な存在ではない」という、その限界も知ったほうがよいのではないか。

現行憲法には「国民主権」の根拠《こんきょ》が書かれていない

里村　この地上において、特に日本においては、選挙や民主政治が至上の価値であるかのように言われ、そういうことをマスコミが非常に強調していますが、これについては、どうお考えでしょうか。

大川隆法守護霊　二点、問題点を指摘《してき》したい。

里村　はい。

大川隆法守護霊　第一点。

日本の現行憲法においては、「国民主権」が定められている。それは是《ぜ》とするが、その元になったアメリカ合衆国独立宣言においては、"All《オール》 men《メン》 are《アー》 created《クリエイティッド》 equal《イークォル》."、つまり、「人間は平等につくられたものだ」と書かれている。「つくられた」と書いてある以上、「つくった者」がいる。

それは、言わずと知れたことであり、キリスト教圏《けん》においては、"Great《グレイト》

〝God《ゴッド》〟、あるいは〝The《ザ》 Creator《クリエイター》〟が存在することを当然の前提として、人間の平等が説かれている。神によって平等につくられたる者たちであるからこそ、その平等の権利に基《もと》づいて議論をし、意思決定したことをもってルールとする。それは、「国民の合意を見たものを、『神の意志の代弁』としての結論と見る」ということであろうと思う。

　そのかたちをまねた日本の憲法ではあるけれども、日本の憲法には、「国民主権」の権力の根拠《こんきょ》は書かれていない。

　ただ住んでいただけで権力が発生するのであるならば、それは居住権であり、それ以外の権力には及《およ》ばないと思われる。「この領土に住んでいた」ということだけが根拠であれば、「住んでいた者の権利」というだけのことであって、それ以外の普遍《ふへん》的なる価値が出てくる根拠を、そこに見出《みいだ》すことはできない。

そういう意味で、現行憲法には欠点がある。

あえて言えば、天皇制の部分が、神より委《ゆだ》ねられた（根拠の）部分にならねばならないのだろうけれども、現行憲法においては、天皇も、「人間宣言」をした象徴《しょうちょう》的存在である。やはり、ただの人間であって、平等ではあるが、役柄《やくがら》上、シンボル的存在になっているにすぎない。

そして、天皇の「やってよいこと（国事行為《こうい》）」も決められており、「これ以外のことについては、やってはならない」というかたちになっている。「やってよいこと」と「いけないこと」を、臣下によって決められている主君が存在するならば、それは傀儡《かいらい》であろう。

そういうことであれば、憲法は、天皇を「人間を平等につくりたる神の代理人」と認定しているとは言えない。

つまり、「主権在民の宗教的・哲学《てつがく》的根拠が説かれていない現行憲法には欠点がある」と言える。

実質上、「神」の姿を演じているマスコミ

大川隆法守護霊　問題点として言えることが、もう一つある。

現行憲法には、「信教の自由」は定められているが、これには権力の行

使についての制約条項《じょうこう》が付いている。

一方、「報道の自由」については、新聞社などの新しい憲法案には述べられてはいるものの、現行憲法には制約条項が書かれていない。また、「報道しないことの責任」についても書かれてはいない。現行憲法においては、「言論・出版の自由」だけから、「報道の自由権」が引き出されている。

しかし、「言論・出版の自由」は、日本国民個人にも許されている権利であり、もちろん、宗教団体にも許されている権利であり、他《た》の者にも許されている権利である。そこから、マスメディアという特権階級が権力を持つ根拠を、特に見出すことはできないと思う。

ところが、彼らは、選挙に関して権能を行使することができるため、実質上、「神」の姿を演じているのではないかと思われる。

また、善悪の基準も、ここから出てきているように思う。

そうであるならば、マスコミは、自分たちが拠《よ》って立つところの、その哲学なり、道徳なり、あるいは宗教なり、善悪の判断の根拠を示すべきである。

その根拠なくして、「売れるかどうか」「評判になるかどうか」ということだけをもって判断を下《くだ》すのであるならば、政治家に対して「ポピュリスト」と批判できるだけの地位を、マスコミに与《あた》えることはできないと考える。

今、憲法絡《がら》みで、二点、指摘をしたが、これで足りないのであれば、さらに追加して質問していただきたい。

現行憲法下の民主主義は無神論的状況《じょうきょう》にある

里村　今のお話で、「民主主義は、神の足元にあって初めて許されるものなのに、現在の日本の民主主義は、そういうものではない」ということと、「神の立場や位置にマスコミが成り代わり、その下《もと》で今の民主主義が行われている」ということが分かりました。

こうした現状は、守護霊様からご覧になると、不《ふ》浄《じょう》のものなのでしょうか。

大川隆法守護霊　不浄と言えるかどうかは分からないが、欠陥《けっかん》があることは明らかである。

すなわち、現行憲法下における民主主義は、これを現実に施行《せこう》するならば、神仏《しんぶつ》の存在を否定し、霊的《れいてき》なる世界の存在をも否定しうる根拠となる内容を持っていると思われる。そういうものが科学的な進歩主義と相《あい》まって、無神論的状況《じょうきょう》を醸《かも》し出していると言わざるをえない。

憲法は「国家」と「人間の営む営為《えいい》」の中心思想を示せ

宇田　幸福実現党は二〇〇九年に立党しましたが、立党直後に、大川総裁によって、「新・日本国憲法 試案」という、新しい憲法案が提示されました（『新・日本国憲法 試案』〔幸福の科学出版刊〕参照）。それにおいては、前文で信仰心《しんこうしん》が謳《うた》われ、第二条では「信教の自由」も謳われています。

その憲法試案は、いきなり一日で出てきたものです。憲法試案をつくるとなると、通常、少なくとも半年や一年はかかるのでしょうが、たった一日で出てきたので、われわれも、そして世間の人々も驚《おどろ》きました。

これまでお話をお伺《うかが》いしておりますと、この憲法試案において、守護霊様から、何らかのご示唆《しさ》やご指導があったのではないかと推察されますが、いかがでしょうか。

また、この憲法試案に守護霊様がどのくらいかかわっておられたのか、それを教えていただければと思います。

大川隆法守護霊　そのような地上的作業には関心がなく、私のほうは一定の考えを持っているだけであって、それを、表現形式を用いて表したわけだな。

現在の憲法は、近代の二百年ほどの間《あいだ》に積み上がった、いろいろな考え方の寄せ集め的なものかと思われるけれども、その文章といい、哲学といい、とうてい崇高《すうこう》な「永遠の理想」とは言えないと思われる。

ただ、背景に哲学はないが、目的だけはある。明らかに、「日本の国を、どのようにしたいか」という目的が織り込《こ》まれていると思われる。

この憲法は、(日本を)「神なき国家」にしようとしている。また、「日本人としての魂《たましい》の尊厳」を奪《うば》おうとしている。

こうした目的だけは、はっきりと入っていると思われる。

しかし、「神仏《しんぶつ》の住まう国である」ということは、日本の伝統的な姿であったし、「神仏の子である」と信じるのが、日本国民の伝統的な姿であったと思う。

そのへんを、憲法学者と法律学者は、近代の技術的な法律論でのみ考えるのであろうけれども、やはり、私は、「国家」と「人間の営む営為《えいい》」の元になる、中心的な考えを示さなければ、憲法というものは、そもそも必要がないと考える。

現行憲法に書かれた「法律的事項《じこう》」が引き起こす諸問題

大川隆法守護霊　ところが、現在の憲法には、いわゆる「法律的事項《じこう》」と思われるものも数多く書かれている。

・皇室のあり方について

例えば、天皇制について、「天照大神《あまてらすおおみかみ》への信仰を引く、天照大神の正統な後継者《こうけいしゃ》としての天皇を信ずる国家である」と書いてあるのなら、異論はあろうとも、それなりの整合性はあると思う。

しかし、そうではなく、天皇のできる行為を列挙したり、皇位の継承について書いたりしてあるわけで、こういうものは皇室典範《てんぱん》に収まる範囲内のことではないかと思う。

・予算の単年度制について

また、他《た》の諸権利にも、そうしたものが数多く見受けられるように思われる。

やはり、憲法に数多くの不要な規定を設けたために、この国家が立ち行かなくなっている面もあると思う。

例えば、予算の単年度制のようなものが、わざわざ憲法に書き込まれているために、財政赤字が発生している。

これがもし書かれていなければ、当然ながら、（国家においても）企業《きぎょう》と同じような努力がなされただろう。経営能力のある政治家によって国家が運営されたならば、財政赤字は、発生していない。

ところが、「毎年入ってくる収入を使い切れ」という考え方を憲法に書かれたら、すべての公務員は、これに従わねばならない。

したがって、好景気が続くならば、財政は赤字にならないかもしれないけれども、景気には変動があり、好景気と不景気とが循環《じゅんかん》するので、不景気のときには税収が不足する。これは当然のことだ。しかも、好景気のときに入ってきた税収を使い切っていれば、その間《あいだ》に積み立てるものがないので、結果的には、財政赤字は累積《るいせき》していくことになる。

明らかに憲法に欠陥があると言わざるをえない。

これは一例であるけれども、ほかにも、いろいろな問題が数多くあるのではないかと思う。

〝占領下《せんりょうか》〟の抑圧《よくあつ》状態が七十年間続いた日本

里村　今、日本国憲法について、厳しいご指摘がありましたが、この日本国憲法は「GHQの押《お》しつけ憲法だ」と言われております。日本国憲法の制定時には、天上界《てんじょうかい》からのサゼッション（示唆）、あるいは神からのインスピレーションはあったのでしょうか。

大川隆法守護霊　少なくとも日本霊界《れいかい》からはなかった。

あと、「ユニバーサル（世界的）な面から見て、あったかどうか」ということであるけれども、もちろん、関係国の主力はアメリカなので、アメリカを利することを考えている者の指導はあったであろうし、いちおう、中国や朝鮮《ちょうせん》半島に配慮《はいりょ》する考え方も一部入っていたであろうが、神仏から見れば、基本的な趣旨《しゅし》は、「報復《ほうふく》憲法」であったことは間違いない。

里村　守護霊様は、天上界からご覧になっていて、この日本国憲法を日本が押しつけられた時点で、「いつかは変えなければいけない」と、ご認識されたのでしょうか。

大川隆法守護霊　もちろん、そのとおりである。

「無条件降伏」で終わり、天皇の「人間宣言」が発された段階において、ある意味での「国家の消滅」は、すでに起きているので、新しい国家をつくらねばならない。

その後《ご》、〝占領下《せんりょうか》〟における抑圧《よくあつ》状態が七十年間続いたのであろうから、日本の国において、自分たちの国のあるべき姿を決めるのは、当然ではないだろうか。

各論については、今後とも、手を加え、増やしていってもよいと思われるけれども、少なくとも、総論のところについては、やはり、きちんとしたものを出す必要があると思う。

「新・日本国憲法 試案」は、直接、私の言っていることではないけれども、総論的なものとしては、ああいうもので、だいたいよろしいのではないかと思う。

「新・日本国憲法 試案」がつくられた霊的《れいてき》背景

里村 私どもは、大川隆法総裁の憲法試案について、「聖徳太子《しょうとくたいし》様からの霊示《れいじ》」とお伺いしております。「この憲法案は聖徳太子様が中心となってまとめた」と認識してよろしいのでしょうか。

大川隆法守護霊 表現については、そういうことだと思いますが、基本的な考え方に関しては、他《た》の者とも、ある程度、意思の疎通《そつう》はしていると考えてよいと思う。

里村　たいへん恐《おそ》れ入りますが、「他の者」とは、どういった方々でしょうか。

大川隆法守護霊　「幸福の科学の中心的な指導霊《しどうれい》たち」ということだな。

里村　幸福の科学に対しましては、いろいろな方が、ご指導、ご支援《しえん》をしてくださっているのですが……。

大川隆法守護霊　全体としては「五百人ほどいる」と言われているけれども、常時、関係している者は、おそらく十名から二十名前後と思われる。そのあたりが指導霊団の〝執行部《しっこうぶ》〟ということになりましょうな。

里村　それは、例えば、イエス様とかでしょうか。

大川隆法守護霊　イエスは、少し距離《きょり》がありますね。「キリスト教国側によって滅《ほろ》ぼされた」という面があるために、今の「敗戦憲法」に関しては、「イエスが大きな役割を果たした」ということはなかったと思われるので、新しい憲法をつくるに際しても、特別大きな役割を果たしてはいないとは思う。

ただ、「基本的には了承《りょうしょう》している」と考えてよい。

里村　天御中主神様《あめのみなかぬしのかみさま》などの神々も同様でしょうか。

大川隆法守護霊　もちろん。

“平和憲法”の抱《かか》える矛盾《むじゅん》を論破する

金澤　今、憲法のお話をしてくださっているのですが、現行憲法の問題点について、もう少し、お教えいただきたいと思います。

女性は、恐怖心《きょうふしん》が強いため、日本国憲法について、「平和憲法なのだ。憲法九条を改正してしまったら、戦争が起きる」と言われると、感情的に反応し、「戦争は怖《こわ》い」と思いがちです。

しかし、私たちは、本当に平和のことを考えるなら、「正義ある平和」を考えなければならず、「それは、決して、悪《あく》に懐柔《かいじゅう》されたり、悪に屈服《くっぷく》するような平和であってはならない」と思うのです。

「神仏の心」を中心軸《じく》に置き、「真の正義」という観点から、〝平和憲法〟の問題点をお教えいただければと思います。

・アメリカに憲法押しつけの資格はあるか

大川隆法守護霊　逆に問うとしよう。

アメリカ合衆国憲法では、各個人に銃《じゅう》の保有が認められており、銃によって自分や自分の家族を守ることが、憲法上の権利として許されているため、今、さまざまな発砲《はっぽう》殺人事件が起きているけれども、それは、アメリカが草創のときから守ってきた、二百年以上続く権利なので、そう簡単に変えられず、アメリカ人は困っているという状況だ。

もし、日本国憲法が、アメリカ合衆国が原案をつくりたる憲法であって、その平和主義が正しいのであるならば、もちろん、アメリカは、第七艦隊《かんたい》を持つことはできないはずであるし、平和を愛するのであれば、アメリカも、日本のように、各家庭が銃器を持たないようにしたほうが、平和は来るのではないかと思う。

日本国憲法のようなかたちでの平和論を説くことは可能ではあろうし、それを実践《じっせん》している者が、そう言うならよろしい。しかし、実践できない者が、「こうすれば平和が来る」と言うのは、おかしい。

その平和は、日本の平和ではなく、それを押しつけている者たちにとっての平和にしかすぎないと思う。

例えば、泥棒《どろぼう》、強盗《ごうとう》にとっては、各家庭に銃がないことが〝平和〟であろう。違うか？

里村　はい。そうです。

・核兵器保有国が平和論を押しつける権利はあるか

大川隆法守護霊　あるいは、銀行にとっては、銃が市中に出回らないことが平和ではあろう。

そのように、自分たちの利益を守るために、その平和論を押しつけたのであるならば、「その動機は必ずしも善なるものではない」と思わざるをえない。

また、戦後体制を率いている国際連合においては、すべての常任理事国が核《かく》兵器で武装している。これは平和主義に反しないのかどうか、きちんと議論をしていただきたい。

もし、これが平和主義に反しないとされるのであるならば、核不拡散の呼び掛《か》けもまた、平和を推《お》し進めているとは言えない。

自らが、それを実践し、「常任理事国は核をすべて放棄《ほうき》する」ということであれば、「他《た》の国も核を持つべきではない。これ以上、核を増やすべきではない」という言論は正論となる。

しかし、「自分たちだけは核を保持してもよいが、他の者たちは、〝精神年齢《ねんれい》〟がまだ至らないから、核を持ってはならない」と考えたり、自分たちの権力を保持するために、他の者に「核を持つな！」と言ったりするならば、その平和は、「連合国の利益を守る」という意味での平和以上のものではありえない。

これに関しては、哲学的に見ても、宗教的に見ても、道徳的に見ても、「理不尽《りふじん》である」と言わざるをえない。

「日本のみの戦力不保持」は自虐《じぎゃく》史観の根源

大川隆法守護霊　私は、「どちらの立場も可能である」と思っておるけれども、「憲法九条によって戦力を持たないことが、日本を平和にする」と言うのならば、お隣《となり》の中国においても、そうするべきであろう。

中国は、今、さまざまな核兵器や侵略《しんりゃく》的兵器を、持っていたり、開発したりしているけれども、それを持たないほうが、彼らにとっては平和であろう。そういうものを持てば、他国から攻撃《こうげき》を受ける可能性がある。だから、持たないほうが平和である。

それは北朝鮮においても同じである。あのような経済小国が核ミサイルを開発することは、当然ながら、大きな国から制裁を受ける可能性を大きくする行為であるから、核を持たないほうが、彼らにとっては平和である。だから、「彼らの核兵器を一掃《いっそう》することが平和だ」という論理は成り立つ。

しかし、彼らの行為を放置しておりながら、「日本のみが何も戦力を持たないことが、世界の平和につながる」と考えたならば、これこそ、日本の自虐《じぎゃく》史観の根源であると言わざるをえない。

里村　〝平和憲法〟に関する見方がまったく変わる、たいへん鋭《するど》いご指摘を頂戴《ちょうだい》いたしました。ありがとうございます。今のお話をお伺いして、

「憲法を、改正するのではなく、つくり直す」という、非常に強いご意志を感じました。

3　「幸福実現党」の立党趣旨《しゅし》

最初の大きな使命は「国民の啓発《けいはつ》」

里村　ここからは、大川隆法総裁が創立なさった幸福実現党に関する話を、絡《から》ませてまいりたいと思います。

二〇〇九年に、大川総裁が憲法試案とほぼ同時につくられたのが幸福実現党です。当時、大川総裁は、「立党が予定よりも少し早くなった」と語っておられましたけれども、「二〇〇九年に幸福実現党がつくられ、活動を開始する」ということは、天命というか、天上界《てんじょうかい》のご意志、あるいは守護霊様のご意志でもあったのでしょうか。それとも、大川総裁が、今世《こんぜ》における、さまざまな人生経験のなかで積み重ねてきた、お考えの結果として、出てきたものなのでしょうか。

大川隆法守護霊　この教団の、さまざまな活動や実行能力など、諸般《しょはん》の事情を考えると、二〇〇九年の段階で、実際に政権が取れるだけの〝戦力〟を有するのが極《きわ》めて厳しいことは、理解できてはいたけれども、「まずは国民を啓発《けいはつ》せねばならない」という大きな使命があったと思われる。

その背景には、「自由民主党という、戦後の日本を率いてきた政党の終わりが見えてきた」ということが一つある。

また、お隣《となり》の北朝鮮《きたちょうせん》による拉致《らち》問題を解決しようとして、内閣も長らく努力してきたようではあるけれども、百人か数百人か、数は定かではないが、日本が「拉致被害者《ひがいしゃ》を返せ」という運動をしているなかで、北朝鮮は核《かく》ミサイルの開発を進め、実験を行っていた。

これは、一年一年、進んでいくものであるから、「早く歯止《はど》めをかけなければ、事態はよくならない。悪くなることはあっても、よくはならない」と言える。

「六カ国協議で対応する」と言いつつも、交渉《こうしょう》の窓口をしている中国は、実質上、北朝鮮を植民地化している勢力なので、「狼《おおかみ》に羊の見張り番をさせるのは無理である」という考えがあったわけだな。

だから、自民党の崩《くず》れていく姿を見て、「これは、新しい思想でもって国論を強化する必要がある」という判断が働いたと言える。

幸福実現党の言論や活動が、日本の方向性を変えた

大川隆法守護霊　もちろん、この教団の実勢力が、今、教育事業もやっており、海外での支部展開もやっているなかにおいて、それが極めて厳しい状況《じょうきょう》であることは事実である。

しかし、物事には、まず、「始まり」がある。「その始まりがなければ、その後《ご》の成長も成功もないだろう」と言える。

少なくとも、幸福実現党の言論や活動が、この国のあり方に一定の影響《えいきょう》を与《あた》え、その方向性を変えてきたことは事実である。この部分は否定できない。

二〇〇九年以降、幸福実現党が存在しなかったとしたら、マスコミの多数は、「中国との友好」という方向に日本の活路を見出《みいだ》そうとしていたと思われる。

それは、経済的に大きな成功を生みながらも、やがて、「中国の庇護《ひご》下に入るかどうか」という決断を迫《せま》られることになる選択《せんたく》であったと思う。

この選択に関して、中国が、正しい考え方を持ち、世界人類を幸福にする方向において、権力を巨大化《きょだい》しようとしているならば、中国についていってもよいとは思うが、現在も含《ふく》め、ここ数十年の中国の歴史を見るかぎり、中国が神仏《しんぶつ》の心に適《かな》っているとは言いがたい！

「神仏の心に適っていないものに対して帰依《きえ》し、その勢力の一部に組み入れられる」ということは、いかんともしがたく、われわれの強い意志の力を引き出す行為《こうい》だと思われる。

今の中国が、もっと世界の模範《もはん》になるような国であるならば、（日本の）民主党政権のような選択もありえたであろうが、中国の態度は、世界の模範になる国家の態度ではない！　それゆえ、その方向に日本が進むことに対して、「NO《ノー》!」という厳しい言葉を突《つ》きつけたと考えてよい。

その意味において、この教団は、かなりの重荷を背負《せお》ったのではないかと思うが、物事は、まず考え方から始まる。また、その考えを発することによって、他《た》の人々に対し、彼らの考えを問い直すことができることになると思う。

神仏《しんぶつ》が中国の行為《こうい》の前に立ちはだかろうとしている

・もし唯物論国家が世界を支配していたら

大川隆法守護霊　アメリカ合衆国が数多くの問題点を抱《かか》えていることは

事実であるけれども、「つい二十年余り前までの米ソ対立において、もし、ソ連が勝って、その価値観が世界を支配したなら、どうなったか」ということを考えていただきたい。

「人々が自由を抑圧《よくあつ》され、人権を剝奪《はくだつ》され、指導者の強圧的な政治が自由に行われる」という風潮が世界各地に広がったであろうと思われる。

あのとき、アメリカは、財政赤字と貿易赤字の両方を抱え、「双子《ふたご》の赤字」で苦しんでいたけれども、ソ連と軍事拡張競争をすることにより、戦わずしてソ連の経済を崩壊《ほうかい》させ、一人も死ぬことなく、冷戦を終わらせることができた。

これについて、神仏《しんぶつ》の考え方は、明らかにアメリカの後押《あとお》しをしていた。

・かつてのソ連と同じことをしようとしている中国

今、かつてのソ連に代わって、中国が、同じことをもう一回やろうとしているので、これに対し、神仏が、その行為《こうい》の前に立ちはだかろうとしているのである。

地上にいるあなたがたの勢力は小さいかもしれないけれども、「小さいままであってよい」というわけではない。

ドングリの実は、たとえ小さくとも、土に落ち、成長したならば、やがて数十メートルの大木になるであろう。それと同じだ。

今は小さなドングリの実であっても、「この実は、大きな木に育っていくことができる」ということを、私たちは言っている。

ただし、それまでの間《あいだ》には、あなたがたの数多くの汗《あせ》や涙《なみだ》や努力が必要とされるであろう。

日本が悪魔《あくま》の支配下に入ることは許せない

宇田　私たちは、幸福実現党の立党の精神について、「日本を宗教立国し、本当の『信教の自由』を取り戻《もど》す。また、国防の大切さを訴《うった》え、憲法九条を改正する」ということだと思っていました。
しかし、今、守護霊様のお話を聴《き》いていて、私は、「日本国内だけではなく、世界に対して御旗《みはた》を立て、『ここに正義あり。ここに良心あり。ここに、すべての正しさの根源がある』ということを、世界に発信するために、この政党は打ち立てられた」と理解させていただきました。

「それだけの大きな志で、この政党がつくられた」ということを、本当に、改めて感じさせていただいたのです。

ただ、現在は、日本も他の先進国も、基本的には投票型の民主主義です。今、「ドングリのたとえ」もお話しいただきましたが、私たちは、どうしたら、真実を多くの方々に伝えていけるのでしょうか。

弟子《でし》の信仰心《しんこうしん》や伝道力のなさについては、さまざまな霊人《れいじん》の方からご指《し》摘《てき》いただいておりますが、少数派である私たちは、どうやったら、多くの方々に認められるのでしょうか。

それについて、何かご示唆《しさ》を頂ければありがたいと思います。

大川隆法守護霊　まず言っておかねばならないことがある。

アメリカ的価値観に近い国々のグループと、中国的価値観に近い国々とがあると思うのだけれども、「これは自由と平等の戦いではない」ということを知っていただきたいと思う。

そして、「中国的価値観のなかには、神仏の考える平等とは違《ちが》うものがある。これには、天上界を地獄《じごく》界に変えようとする勢力が働きかけている」ということを、はっきりと申し上げておきたい。

これは、「神仏の子としての魂《たましい》が、自由を発揮して成長していく」という考えとは明らかに違うものである。

また、すべての人間が神仏の子であるならば、人間が「自由な発展を求めるべき平等の権利」を有することは当然であろうけれども、中国的な価値観における平等は、長らく共産主義が支配してきたこともあり、「一部の為政者が民《たみ》を黙《だま》らせるための平等である」と言わざるをえない。

経済的な面から風穴《かざあな》が開《あ》きつつはあるけれども、基本的なところ、根本的なところが変わっているとは、まだ言えないと思う。

いまだに、一部の指導階層が圧倒《あっとう》的多数を押し潰《つぶ》して搾取《さくしゅ》する体制であるし、自分たちの欲望のためには、他国を侵略《しんりゃく》して自国に組み入れることを「当然だ」とするような考え方である。

つまり、これは、神仏の考える自由や、神仏の考える幸福とは違い、「地上にしか住みかがない」と思っている者の〝自己発展〟の姿であると思われる。

自由と平等の戦いのように見えるかもしれないけれども、実際には、「神仏を信ずる者の勢力」と、「悪魔《あくま》を信ずる者の勢力」との戦いであり、「第二の冷戦」が、今、行われているのだ。

神仏の守りたる、この日本の国が、悪魔の支配下に入ることは、断じて許すことができない！

それが幸福実現党の立党趣旨《しゅし》である。

4 「宗教革命」と「政治革命」

悪魔《あくま》の支配を推《お》し進めるマスコミの「悪口民主主義」

里村　今、口さがない日本のマスコミの一部から、「幸福実現党は、今回の参議院選挙においても全員落選である」等の声が出ておりますが、守護霊様は、こうした声に屈《くっ》することなく、この戦いを続けていくべきであるとお考えになりますでしょうか。

大川隆法守護霊　マスコミが、神仏《しんぶつ》の思いを受け止めるだけの器《うつわ》であるならば、結果はそちらのほうに動くであろうし、悪魔《あくま》の声を受け止める器であるならば、悪魔が喜ぶような結果のほうへと引っ張っていかれるであろう。だから、その言葉は自分自身にも返ってくると思われる。

マスコミ自身が、存在意義を問われている選挙でもあろうし、善悪を判断する目を持っているかどうかを問われている選挙でもあると思う。

この国を、神仏を認める国家の方向に、推《お》し進めたいのか、悪魔の支配する国家のほうへ推し進めたいのか。彼らの根本原理は、よく言って「疑いと批判」、悪く言えば「悪口」である。彼らの最も好むものが「悪口民主主義」であるならば、悪魔の支配する国は、彼らにとって、非常に住みよい国になるであろう。

そういうかたちでの民主主義の制度そのものに価値があると、本当に思っているなら、根本的な無明《むみょう》がそこにあると言わざるをえない。

民主主義が、結果において、人々を最大限に輝《かがや》かせる力を持っているならば、プラスに評価することは可能であるが、人々を堕落《だらく》させ、悪魔の陣《じん》営《えい》に下らせることを推進する制度であるならば、この民主主義には教訓が必要であると思う。

その教訓を与《あた》えるのは、宗教と宗教的人格を持った人々の力であるのではないか。

最終目標は「仏国土《ぶっこくど》ユートピア」の実現

金澤　そうしますと、幸福実現党にとっての大義、あるいは、今回の参院選の大義というのは、あくまでも、「悪魔の心ではなく、神仏のお心を実現していくことにある」と考えてよいでしょうか。

大川隆法守護霊　最終目的は、あなたがたが言うところの、仏国土《ぶっこくど》ユートピアの実現であろう。

それは、そう簡単にできるものではない。

しかしながら、もし、憲法なり、政治制度なり、あるいは、政治の理念なりが、人類の永遠の理想と関連しているものであるならば、仏国土ユートピアの実現は見果てぬ夢かもしれないけれども、それに近づいていこうと、各世代、各世代、努力していくことが大事なのではないかと思う。

「第二の冷戦」時代に霊性《れいせい》革命が必要な理由

宇田　お話をお伺《うかが》いしていますと、やはり、政治と宗教は分離《ぶんり》されたものではないと感じます。

今年の年初から、大川総裁は「霊性《れいせい》革命」という言葉を使われ始めましたけれども、過去の御法話《ごほうわ》を振《ふ》り返りますと、実は、二十数年前から、「まず、霊性の時代を確立させる」ということを説かれています。幸福の科学をつくられた当初から、ずっとおっしゃっておられました。

「霊性革命」ということを、今年から、また改めて私たちにお教えいただいているわけですが、守護霊様から見て、この「霊性革命の真髄《しんずい》」、それから、「それを推し進める宗教的意義」について、ご示唆《しさ》いただければと思います。

大川隆法守護霊　「今、アメリカを中心とする陣営と中国を中心とする陣営との『第二の冷戦』が始まっており、それに勝たねばならない」という話をしたけれども、もう一点、付け加えなければならないことがあると思う。

アメリカに属する陣営においては、自由や平等、あるいは、「人間が神によってつくられた」という思想が、その根底にあることは当然ではあるけれども、一点、弱点がある。

アメリカの思想は、ヨーロッパから移入したものであるけれども、アメリカという国は、まだ歴史の浅い国であって、移民が始まってわずか四百年、国が建って二百年余りの短い歴史しか持っていない。

こうした短い歴史しか持っていない国が、世界の超《ちょう》大国になっている。

ゆえに、そこから発するものも、「文化的、歴史的に見て、人類の知的遺産のすべてを包含《ほうがん》するものにはなっていない」と言わざるをえない。

より具体的に言うとするならば、歴史の浅さゆえに、世界各地における、いわゆる「人類の始祖」、もしくは、「世界的宗教の祖師」、あるいは、「哲《てつ》学《がく》の祖」「世界的思想の祖」に当たるような者を、まだ、アメリカは生み出していない。

そういう国が、プラグマティックな意味において、ヨーロッパから受け継《つ》いだ伝統を実現しようとしているのが現在の実情である。

そこには、やはり、足りざるものがあると言わざるをえない。

この日本の国においては、少なくとも、三千年の歴史が記録され、その間、さまざまな神々が降臨もし、また、他の世界的宗教をすでに数多く消化してきた歴史がある。

アメリカ的なるものだけでは足りないのだ。

日本のような、神仏《しんぶつ》の根本の思想を持ちたる国が、自由の国として繁栄《はんえい》することが大事であり、「霊性革命」という言葉を使ったけれども、これを乗せなければ、民主主義も単なるプラグマティックで、この世的な人間の活動にしかすぎない！　そういうことになってしまい、永遠の理想とは言えないものになってくると思う。

「二重の革命」を同時進行させることの難しさ

里村　幸福実現党の政治活動には、非常に気高い目標があるということを、今、私は感じたのですが、残念ながら、この地上において、思わしい結果、望んだ結果が出ておらず、凡愚《ぼんぐ》なるわれら、あるいは、信者、党員のなかには、気落ちする者もおります。こうした者に対して、守護霊様から、お言葉を頂けますでしょうか。

大川隆法守護霊　今、あなたがたは、二重の革命をやろうとしている。

その第一の革命が、「宗教革命」であり、別な言葉で言えば、「霊性革命」である。

日本人の多くは、先の大戦において敗戦を経験したことにより、信仰心《しんこうしん》を失ってしまい、唯物論《ゆいぶつろん》的繁栄に走っている。

こうした日本人に対し、もう一度、正しい信仰心を取り戻《もど》させ、「霊的《れいてき》世界を信じ、神仏の存在を信じなければ、人間として価値ある生き方はできない」ということを分からせるという意味での「宗教革命」「霊性革命」が第一段にある。

ただ、それがまだ終わっていない段階で、第二段階である「政治革命」を起こそうとしているので、今、同時に二つの革命が進行している。

これが、現在の政治状況《じょうきょう》において、非常に困難を来《きた》している理由であると思う。

第一の革命が完了《かんりょう》しておれば、第二の革命は、もう少し容易に進むであろうけれども、第一の革命において、まだ完全な勝利を収めてはいない。日本に一定の勢力を確保はしたものの、まだ数多い宗教のなかの有力な勢力の一つと思われているにすぎず、他の宗教勢力のなかには、結果的には唯物論と変わらない教えを奉《ほう》じているものも数多くある。実際に神仏が存在するのかどうかも知らず、あの世の世界が存在するのかどうかも分からないでいる。

仏教の諸派においても、「死ねば、何もかも終わりだ」と言っている宗派もある。

宗教の理念を具体的に実現するのが政治家の仕事

大川隆法守護霊　こうしたなかにおいて、彼らが拠《よ》り所としているものが憲法にある。それが逆流し、本来、宗教が説くべきものではなく、戦後できた憲法に書かれている「基本的人権」なるものを守ることが、宗教の仕事に変わっている。

要するに、政治の活動において逆折伏《しゃくぶく》をされ、宗教がそれについていって、応援《おうえん》勢力に使われているかたちになっていると思われる。

その基本的人権なるものにも、「最大多数の人権を守る」という考えもあれば、「個々の小さな人権を守る」という考えもある。どちらも大事な考えではあるけれども、「大を捨てて小だけを取る」という考えを突《つ》き詰《つ》めていくと、「結果的に左翼《さよく》思想になる」ということは言えると思う。

基本的な考え方は、「多数の者の幸福を推し進めつつ、少数の者の権利にも光を当てて彼らを救い出していく」ということであり、難しい仕事ではあるけれども、そうした活動を同時に続けていかねばならない。

もちろん、正義の実現の過程においては、「二つの正義のうちのどちらを取るか」という二者択一《にしゃたくいつ》の選択は必ず出てくる。けれども、こうしたジレンマのなかで、いかに、よりよき成果をあげるか。それを成し遂《と》げ、具体的な事実としての成果をあげるのが政治家の仕事である。宗教家の理念を受けて、政治家がそれをやってのけねばならないわけだ。

この世的な知恵《ちえ》も駆使《くし》して、「いかに多くの者の幸福を損《そこ》なわず、その発展を維持《いじ》しながら、その網《あみ》の目から漏《も》れた者を、どのように救済していくか」ということを同時に考えていく。「どういうふうにすれば、それが、具体的に、より進んでいくのか」ということを考えねばならない。

今夏の熱暑に表れている「天意」

大川隆法守護霊　例えば、今年は、いつになく早い梅雨《つゆ》明けを迎《むか》え、各地で三十五度を超えて、ところによっては三十九度にも達するような熱暑が続いている。毎日、多数の人が高熱と脱水症状《だっすいしょうじょう》で搬送《はんそう》され、死亡している。

こうしたことは、自然現象としてのみ処理されているが、彼らを生かすためには、安価な電力の供給の体制が非常に重要だと思われる。実は、こうした天意が、表れていることを知らねばならないと思う。

早い梅雨明け、熱暑の到来《とうらい》。これは、「電力の安定的供給が、住みよい社会をつくり、老人や子供たちの生命を守ることを知るがよい」ということを示しているわけだ。

同じく天意として表れたる震災《しんさい》を、人間たちは、唯物論的に違《ちが》ったふうに解釈《かいしゃく》して、「この世の命を生きながらえるために、二度とそういうこととがないように」という方向で、ただただ「原発廃止《はいし》」を唱えているけれども、天意はそちらのほうにはない。

「未来を見れば、そうはなっていない」ということを、われわれは伝えている。それを知らねばならんと思う。

「天の声を伝え、信じる者を増やす」のが弟子《でし》の営み

里村　やはり、「天意というものを知って、この運動を続けていかねばならない」ということでしょうか。

大川隆法守護霊　あなたがたのしていることは、一見、マスコミがつくり出している共同幻想《げんそう》としての正義に反しているように見えるかもしれないが、あなたがたは、彼らが聞くことのできない声を聞いている。
天の声を聞く者は、いつも少数である。しかし、その声を伝え、信じる者を増やしていくことはできる。これが弟子《でし》たちの営みである。

金澤・里村　はい。

5　ユートピア建設という「永遠への挑戦《ちょうせん》」

この国を丸ごと「神仏《しんぶつ》の国家」に変える

宇田　そのためには、「たとえ少数派であっても、何があっても、天意を伝え続ける」という、「継続《けいぞく》」が大切だと思いますが、その点について、守護霊様はどのようにお考えでしょうか。

大川隆法守護霊　もちろん、最終的には、この国のみならず、世界各地に、この教えを広げていかねばならないので、一国のみの問題ではないと思われる。

ただ、その前の段階として、この国において、基本的な考えを変えていかねばならないのであって、われらが、今やっていることは、単に選挙での勝ち負けの問題ではない。

「小さな政党を立ち上げれば、それで済む」という問題ではなく、この国を丸ごと神仏《しんぶつ》の国家に変えるつもりでやっているわけだ。

そして、「この国だけでは足りない」ということが、方向性としては、はっきり示されているのである。この国以外のアジア、アフリカ、欧米《おうべい》諸国、その他の国々に対しても、新しい神仏の教えに基《もと》づくユートピア・仏《ぶっ》国土《こくど》をつくり上げる運動なのだ。

その視野から見れば、これは、一世代ぐらいで終わる運動ではないことを、あなたがたは知っていなければならないと思う。

すなわち、永遠への挑戦《ちょうせん》である。

単に、一議席取れたか、五議席取れたか、小党が立ったかどうか。こんなことでもって、われわれの勝敗を考えてはいない。

この国を丸ごと、「信仰心《しんこうしん》のある国家」に変えるところまでやらねばならないのだ。

人々を弾圧《だんあつ》する「悪なる国家」には立ち向かうべき

金澤　今のお話を聴《き》かれたすべての方が、大いなる使命感を抱《いだ》かれることと思います。

今、四十度近い連日の猛暑《もうしょ》のなか、これまで宗教活動において菩薩《ぼさつ》を目指していた多くの仲間たちが、今度は政治の世界で、一生懸命《いっしょうけんめい》に、主の理想を実現しようと頑張《がんば》っております。

そこで、政治活動においても、菩薩への道というものがあるのかどうか。

また、五百年後、千年後の未来の目から見て、この四年間の幸福実現党の活動、あるいは、今の時期の私たちの活動が、どういう霊的《れいてき》な意味を持つのか。改めてお教えいただけますでしょうか。

大川隆法守護霊　今、大きな問題になっているのは、原発の問題もあるけれども、もう一つ、特に憲法九条を中心とする憲法改正の流れのなかで、「防衛軍や国防軍の創設」と、「近隣《きんりん》諸国に対する脅威《きょうい》を、彼らが言う歴史認識のなかにおいて、どのように説得するか」という問題が争点として出ているのではないかと思う。

これに対し、私は基本的に、人々が殺し合う世界を肯定《こうてい》しているわけではないし、好ましいとも思っていない。そういうことが起きないで済む世界が望ましいと思っている。

しかしながら、もし、悪なる理念を持って、悪なる制度を押《お》し広げ、何千万人、あるいは、それ以上の人々を弾圧《だんあつ》し、抑圧《よくあつ》して、収容所に送って殺すような国家が、この地上に出現するのであるならば、「神の子であっても立ち上がるべきである」と言わざるをえない。

やはり、悪の増殖《ぞうしょく》には加担できない。

私は、人々が殺し合う世界を容認しているわけではないが、「悪魔の支配下において、悪の勢力が広がることを止めえない」ということもまた悪であると知らねばならないと思う。

その意味において、正しき者は強くあらねばならないし、あなたがたの言論も、悪魔《あくま》に主導されたマスコミよりも強くなければならない！　そういうことを言っておきたいと思う。

「言論」や「民衆運動」で駄目《だめ》なら「神の軍隊」もある

大川隆法守護霊　この世において、殺し合いのない世界をつくることは、よろしい。ただ、「自分が何もしなければ、そういう世界が来る」と思うなら、間違いである場合もある。

現に、悪なる目的を増殖させている者があるならば、それを言論で破折《はしゃく》できるのなら、それでもよし！　それを民衆運動につなげて体制を変えることができるなら、それでもよし！
しかし、それでも、まだ止まらないものであるならば、「神の軍隊」というものはありえる！　そう言っておきたいと思う。

里村　その意味では、幸福実現党が、「神の軍隊」としての意義をしっかりと示していかねばならない時代であるわけでしょうか。

大川隆法守護霊　そうです。あなたがたが、今、やらなかったら誰《だれ》がやるのですか。
仏教もキリスト教も、日本において、どれだけの勢力があるというのですか。

また、既成《きせい》の政党に、どれだけの「信念」と「気概《きがい》」があるというのですか。

九十六条改正で事実上の「廃憲《はいけん》」を目指す安倍《あべ》総理

大川隆法守護霊　今、自民党の総裁をしている安倍《あべ》総理は、憲法改正をしたいと願っている。そして、「九十六条」という憲法改正の手続法を改正し、「三分の二」で改正の発議《はつぎ》ができるところを、「二分の一（過半数）」の発議で改正ができるようにしようとしている。

これは、通常の法律と同じレベルで発議が可能になるということだ。ところが、大多数の国民は、日中は働いているために、国会中継などを見ているような人は数少ないと言わざるをえない。そして、いつの間にか、数々の法案が通っている。それを、結果的に新聞紙面等で見ることはあるけれども、それに対して、いちいち意見を言うことができず、選挙を通して信任を与《あた》えたら、政治家の自由に任せなければならないようになっている。

現在の総理は、憲法についても、それに近いところに持っていこうとしているのだ。法律のように、「二分の一（過半数）」で、憲法のいろいろな条項《じょうこう》を次々と変えていけるということは、これが目指しているところは憲法改正ではない。事実上の「廃憲《はいけん》」を目指していると考えてよいと思われる。

法律は、各国会で何十本、何百本と通っていくことがあるけれども、法律をつくるように、そのレベルで憲法を改正できるというのであれば、事実上の「廃憲」が可能になると考えてよいであろう。

しかし、それに、国民が、「権力を与えた後に、そこから取り返し、さらに反対にする」というのは、そう簡単なことではない。

「その憲法改正に反対なために、他の政党を勝たせて、また憲法に改正を加えて違うものに変えていく」ということが延々と続いていくようであるならば、国家としての秩序《ちつじょ》の安定は望むべくもない。

今、安倍総理に足りざるものは哲学《てつがく》である。宗教であり、本来の神仏の心を映す心の鏡である。

「美しい国へ」という程度の理念では、憲法を「廃憲」し、「創憲」をすることはできない！

その背景に、もっと大きな、きっちりとした根本的な哲学がなかったら、それをするだけの任には就《つ》けないと知るべきである！

それを、私は申し上げておきたい。

里村　ありがとうございます。

6　大川隆法の「人生計画」の真相

悪魔《あくま》がつくった宗教としての「共産主義」

里村　守護霊様に、幸福実現党をつくられ、そしてまた、幸福の科学グループ全体の総裁であられる大川隆法総裁についてのお話をお伺《うかが》いしたいと思います。

大川隆法総裁は、今、宗教家と政治革命家という二つの面を両立される活動をしておられますけれども、これは、いったい、どういう意味を持つものなのでしょうか。こういうことが、はたして現代において可能なのでしょうか。この点について、守護霊様のお考えをお聴《き》かせいただきたいと思います。

大川隆法守護霊　宗教的な意味における面で、一定の理念を国民、あるいは他国も含《ふく》めて浸透《しんとう》させていく、イデオロギー的な戦いは、共産主義の革命においても行われた。

まあ、それは、かたちを変えた「宗教的なもの」であったのかもしれないが、悪魔《あくま》がつくった宗教だ。悪魔がつくった宗教が、政治的に共産主義として現れている。

つまり、彼らは、宗教運動と政治運動を同時に行っている。「悪魔の思想を広げる」という運動と、「共産主義制度に近い政治活動をする」ということと、この二つを悪魔の側もやっている。

神仏の側も、やはり、宗教的側面と政治的側面の両方を持っていなければ、この勢力との戦いに勝つことはできない。そのように考える。

大川隆法が日本に生まれた「三つの理由」

里村　大川隆法総裁は、そうした使命を担《にな》われて、今世、この日本にお生まれになりました。
なぜ、日本にお生まれになったのでしょうか。

●白人による「植民地支配の歴史の修正」

大川隆法守護霊　これは、歴史の計画のなかの一つではあるけれども、白人優位主義による帝国《ていこく》主義的植民地支配が、ここ五百年近く、続いてきた。今、詳《つまび》らかにはされていないと思うが、それを、明確に、歴史として、あるいは、教科書として書いたならば、あまりにもむごい、悲惨《ひさん》な歴史であろうと思われる。

ヨーロッパ人によるアフリカの植民地支配、それから、その黒人奴隷《どれい》の酷使《こくし》の仕方。そして、アメリカ合衆国に、人間であるにもかかわらず、家《か》畜《ちく》のように売り飛ばされていった流れ。こうしたものに対して、「神仏《しんぶつ》が黙《だま》っている」と思ったら、それは問題であろうと思う。

こうした「白人による植民地支配に対する修正」というものが一つにはある。

- 「共産主義との戦い」と「イスラム圏の改革」

もう一つは、ロシアや中国辺りを中心とした共産主義運動という名の唯《ゆい》物論《ぶつろん》思想による「神仏の封《ふう》じ込《こ》め作戦」が展開されているので、この両者と戦わなければならず、さらに、もう一つは、「イスラム圏《けん》の改革」という目標が残っている。

イスラムにおいても、今から千四百年ほど前にはムハンマドを送り、アッラーの声として新しい宗教を起こさせたけれども、この宗教と政治と経済の結びつきの思想のなかに改善を要する点が多々あり、彼らの宗教のあり方についても全面的見直しが、今、迫《せま》ってきていると思われる。

この三カ点から見て、「それをなしえる発信点はどこか」ということを考えれば、「日本」という結論が出てくる。

里村　ありがとうございます。

最初から選択肢《せんたくし》になかった「宗教家として始まる人生」

里村　それでは、重ねて、たいへん僭越《せんえつ》な質問をさせていただきます。今世、大川隆法総裁は、政治・経済の中心である東京から大きく離《はな》れた、徳島県の川島町《かわしまちょう》（現・吉野川市《よしのがわし》）という山間《やまあい》の場所にお生まれになりました。

そして、また、大変な努力をされて、東京大学に進学され、商社マンとして働かれました。

これは、宗教家としてのストレートな人生ではなく、ある意味で、ぐるっと回っているようなかたちにも見えるのですが、今回、このような人生の軌跡《きせき》を描かれた意味について、お聴かせ願えればと思います。

大川隆法守護霊　まず、後ろの質問から入るけれども、宗教のほうに入って修行《しゅぎょう》をしたならば、すでに存在しているところの伝統的宗教、あるいは、新興宗教の考え方や修行の方法を、そのまま使ってしまうおそれがあるので、それは避《さ》けたかったという考えが、やはり、一つあると思われる。

少なくとも、人は学んだことから抜《ぬ》けられない。だから、仏教の諸派でもよいが、「どこかのお寺に生まれて、その宗派の修行をし、それから立宗する」ということになれば、やはり、その宗派の流れを汲《く》んだ動きしかできず、今、考えているような射程を持った、大きな世界的な宗教運動は不可能となるであろう。

そういう意味で、「宗教家としてストレートに始まる人生」という選択《せんたく》肢《し》は、最初から外れたと言える。

「自助努力の精神」を身につけるために

大川隆法守護霊　もう一つの考え方は、「なぜ都市部ではなく地方に生まれ、この世的に通常の努力を強《し》いられた上で、他の職業に就《つ》いてから、宗教家になったか」ということであるけれども、これに関しては、すでに、あなたがたも数多くの教えを受けているであろうが、「縁起《えんぎ》の理法」、別な言葉で言うとするならば、「自助努力の精神」「セルフ・ヘルプの精神」を身につけてもらいたかったためである。

ですから、最初から、例えば、先の民主党政権の最初の総理になった鳩《はと》山由紀夫《やまゆきお》氏のような家柄《いえがら》を選んで生まれたならば、「自助努力の精神」を口だけで説いても無理であろう。実際上、それはできない。

それだと、出来上がったもののなかでの意見にしかすぎないであろうから、「身をもって体験してもらう」という考えが一つにはあった。神仏《しんぶつ》の期待するものも、やはり、そこにある。

世界人口が、今、七十億から百億に向かって増えていこうとしているけれども、「数多くの人たちを救っていきたい」とは思うものの、この増えていく人口が、すべて、例えば、政府頼《だの》み、あるいは国連頼み、あるいは国際社会頼みだけで助かろうとしていくなら、無理は出るであろう。

やはり、「『自分で働き、自分の足で旅をし、自分の網《あみ》で魚を獲《と》り、そして、自分の鍬《くわ》で土を耕して食料をつくる』という、人間の基本的義務を忘れてはならない」ということを教えなくてはならない。

基本的に、自助のなかにあって組織は成り立っており、自助社会のなかにおいて、能力の優《すぐ》れたる者を指導者層として公平に選び出していくことが大事である。そして、その網のなかに入らない者に対して、慈悲《じひ》の心でもって接することが大事である。

自助努力のできる人を堕落《だらく》させる「善意の押《お》し売り」

大川隆法守護霊　けれども、今、マスコミや、いろいろな諸政党は、票欲《ほ》しさのために、最後の、その自助のできない人たちに焦点《しょうてん》を当てた思想を、自助努力が本来できる人たちにまで広げようとしている。

それは、一見、善意のように思われるけれども、善意の押《お》し売りをかけて人を堕落《だらく》させている面が数多くあると思う。

これもまた、神仏の望むところではない。

悪《あ》しき共産主義は「貧しさの平等」であったけれども、今、悪しき〝自由主義〟が、「豊かさの共産社会」をつくっているような幻想《げんそう》を抱《いだ》かせようとしている。しかし、彼らがやっていることが、結局、「資本主義社会、自由主義市場経済社会のなかにおいて、知恵《ちえ》を絞《しぼ》り汗《あせ》を流して努力した者から労せずして財産を取り上げ、再分配することでもって権力を行使し、働かない者を増やしていく」ということであるならば、結果的には、残念ながら、慈悲の心に反し、人々を堕落させる方向に導いていくことになるであろう。

神には優《やさ》しい面だけがあるわけではない。

あなたがたは、「自分でできることに関しては、自分で歩き、自分で走り、自分で重き荷物を背負《せお》い、自分で勉強し、自分で耕し、自分で魚を漁《すなど》れ」という考えも一本入っていることを忘れてはならない。

7 「アジアの光」が説いた「自力と他力」の関係

宇田　今、「人間が神仏《しんぶつ》の子であるならば、やはり、自助努力の精神が大切である」というお話を承《うけたまわ》りました。

シンプルな、本当に大切な教えですが、今までの宗教家で、ここまで明確にお説きになられた方は、過去、あまりいらっしゃらなかったのではないかと思います。イエス様の教えとも違《ちが》いますし、ムハンマド様の教えとも違います。

宗教というと、一般的《いっぱん》な、浅はかな人間の解釈《かいしゃく》としては、すぐ、「他力である」となりがちですが、今、お教えいただきましたように、やはり、自助努力が基本であると思います。

そういった意味で、この高邁《こうまい》な思想を述べ伝えていくことが急務だと思いますし、これこそが全地球に住んでいる方々を救う教えであると、深く確信させていただきました。

そして、「すべての人を救う救世主が、今、日本に生まれているのだ」ということを、私たちが声を嗄《か》らして伝えていかなければならないと、今、覚悟《かくご》を決めさせていただきました。

最後に、少しだけ突《つ》っ込《こ》んだ質問をさせていただきたいと思います。

この一時間以上にわたるお話で、ほぼ推察はついているのですが、今回、自助努力の精神を説かれ、そして、高邁な政治哲学《てつがく》も含《ふく》めた真理の深さをお示しになった、大川隆法総裁の守護霊様は、具体的に、どなたなのでしょうか。教えていただければありがたく思います。

大川隆法守護霊　その前に、あなたの説明のなかの言葉について、付け加えておきたいと思う。

「自助努力の精神は大事だ」と述べたが、他力を全部否定しているわけではない。自助努力の精神だけを説き切った場合には、今度は、信仰心《しんこうしん》のない人間が出てくる可能性がある。

この面を忘れてはならない。信仰心を失う自助努力、要するに、「『この世的な能力や才能だけで世の中を生きわたっていけばよい』という教えではないのだ」ということも、また、忘れてはならない。

やはり、自助努力が七割、八割は必要であると思うけれども、他力の思想、すなわち、「天上界《てんじょうかい》の仏、神の力や、あるいは、天使、菩薩《ぼさつ》たちの力が働いている」ということを信ずる心も持っていなければならない。

しかし、その他力の思想が、例えば、「すべて政府が面倒《めんどう》を見てくれる」とか、「企業《きぎょう》で大成功した者が、その金を全部出せばよいのだ」とか、そのような考えにすり替《か》わっていくなら、このすり替えは間違いになることがあると念押《ねんお》ししておきたい。

それが、自力と他力の関係である。
この思想が説けた人は、過去には一人しかいない。
「アジアの光」と言われた者しかいないはずであるので、誰《だれ》であるかは、幸福の科学の信者であれば全員分かるはずである。

宇田　ありがとうございました。

里村　ゴータマ・ブッダ、本当にありがとうございます。

8　弟子《でし》たちよ、法輪《ほうりん》を転じてゆけ！

もっと強い自覚を持って努力せよ

里村　最後の質問になります。

ぜひ、守護霊様から、改めて、お言葉を頂戴《ちょうだい》したいと思います。

この時代における大川隆法総裁の使命、そして、大川隆法総裁がつくられた幸福の科学グループの使命について、ご教示いただきたいと思います。

大川隆法守護霊　次は、弟子《でし》たちが法輪《ほうりん》を転じなければならない時代だ。もっと強い自覚を持って努力することが望まれる。

すでに最初の法輪は転ぜられ、次の法輪が転ぜられ、その次の法輪が転ぜられ、法輪は数多く転じられている。

さらに世界に広がっていくためには、弟子たちが、それぞれ菩薩《ぼさつ》として光り輝《かがや》いて、その努力を重ねていくことが望ましいと思う。

強くならねばならない。

唯物論《ゆいぶつろん》やマスコミの悪口雑言《あっこうぞうごん》に敗れてはならない。

また、この信仰《しんこう》において、自分の名誉《めいよ》や権勢欲や、あるいは金銭欲や、そういうものに対して、十分な対価が得られなかったと思って、不平不満を並べる者たちの声に敗れてはならない。
そういうことを述べておきたいと思う。

里村　ありがとうございました。
それでは、弟子が不惜身命《ふしゃくしんみょう》の思いで、法輪をもっともっと大きく転じていけるように努力精進《しょうじん》してまいります。

大川隆法守護霊　はい。

里村　ゴータマ・ブッダ、釈尊《しゃくそん》、ありがとうございました。

大川隆法　（守護霊に）ありがとうございました。

長き精進《しょうじん》の道をひたすら歩みたい

大川隆法　というようなことでした。「千年は一日《いちじつ》の如《ごと》し」ということのようでございますので、「この世的な催《もよお》し物の締《し》め切りに合わせた結果で云々《うんぬん》」というようなものではなさそうですね。

弟子たちや、あるいは他の人たちもそうかもしれませんが、「生きている人間たちは、みな、試《ため》しを受けながら、そのなかを修行《しゅぎょう》せよ」とのことです。

来年（二〇一四年）の主要な法が、『忍耐《にんたい》の法』ということになっておりますので（笑）、何だか身に迫《せま》るものがありますが、精進《しょうじん》の道を歩みたいと思います。

里村　本日は、まことにありがとうございました。

大川隆法　はい。

あとがき

戦後、宗教が政治に介入《かいにゅう》したり、政治上の権力を行使《こうし》したりすることは悪いことのように言われてきた。先の大戦での敗戦に、国家神道《こっかしんとう》の強力な後押しがあったからと思われているのだろう。しかし、現行憲法の立憲民主制には、根本的な哲学の裏付けがとても弱い。憲法を社会科学的な制度研究の知恵の結晶とだけ考えているなら、その人の見識は浅いと言わざるをえない。

西洋の憲法及び法律の淵源《えんげん》にあるのは、今から三千年余り前に、モーセが神から授《さず》かった「十戒《じっかい》」である。

また、二千五百数十年前の釈迦の教えには「五戒《ごかい》」や「十善戒《じゅうぜんかい》」もある。罰則を必ずしも伴うものではないが、仏教信者のあるべき自主的修行の方向を示している。釈尊もシャキャ国の王子として政治家として育てられ、後に宗教家に転じた。マガダ国とコーサラ国の戦争を仲裁したり、マガダ国王（インド十六国中最強の国家）の政治顧問もしている。理性的で、合理的で、哲学的で、かつ、実際の政治にも通じている。これ以上の説明は不要だろう。

二〇一三年　七月十三日

幸福《こうふく》の科学《かがく》グループ創始者兼総裁《そうししゃけんそうさい》　大川隆法

『大川隆法の守護霊霊言』大川隆法著作関連書籍

『素顔の大川隆法』（幸福の科学出版刊）
『新・日本国憲法 試案』（同右）

大川隆法《おおかわりゅうほう》の守護霊霊言《しゅごれいれいげん》 ――ユートピア実現への挑戦――

2013年7月19日　初版第1刷
2014年4月17日　　　第4刷

著　者　　大《おお》　川《かわ》　隆《りゅう》　法《ほう》

発行所　　幸福の科学出版株式会社
〒107-0052 東京都港区赤坂2丁目10番14号
TEL(03)5573-7700
http://www.irhpress.co.jp/
印刷・製本　株式会社 堀内印刷所

落丁・乱丁本はおとりかえいたします

ISBN978-4-86395-363-5 C0030

大川隆法 ベストセラーズ・大注目の宗教家の本音とは

政治革命家・大川隆法

幸福実現党の父

未来が見える。嘘をつかない。タブーに挑戦する——。政治の問題を鋭く指摘し、具体的な打開策を唱える幸福実現党の魅力が分かる万人必読の書。

- 「幸福実現党」立党の趣旨
- 「リーダーシップを取れる国」日本へ
- 国力を倍増させる「国家経営」の考え方
- 「自由」こそが「幸福な社会」を実現する ほか

1,400円

素顔の大川隆法

素朴な疑問からドキッとするテーマまで、女性編集長3人の質問に気さくに答えた、101分公開ロングインタビュー。大注目の宗教家が、その本音を明かす。

- 初公開! 霊言の気になる疑問に答える
- 聴いた人を虜にする説法の秘密
- すごい仕事量でも暇に見える「超絶仕事術」
- 美的センスの磨き方 ほか

1,300円

※表示価格は本体価格(税別)です。

大川隆法霊言シリーズ・正しい歴史認識を求めて

原爆投下は人類への罪か？

公開霊言 トルーマン ＆F・ルーズベルトの新証言

なぜ、終戦間際に、アメリカは日本に2度も原爆を落としたのか？「憲法改正」を語る上で避けては通れない難題に「公開霊言」が挑む。

【幸福実現党刊】

1,400円

公開霊言 東條英機、「大東亜戦争の真実」を語る

戦争責任、靖国参拝、憲法改正……。他国からの不当な内政干渉にモノ言えぬ日本。正しい歴史認識を求めて、東條英機が先の大戦の真相を語る。

【幸福実現党刊】

1,400円

本多勝一の守護霊インタビュー

朝日の「良心」か、それとも「独善」か

「南京事件」は創作！「従軍慰安婦」は演出！ 歪められた歴史認識の問題の真相に迫る。自虐史観の発端をつくった本人（守護霊）が赤裸々に告白！

【幸福実現党刊】

1,400円

幸福の科学出版

大川隆法 霊言シリーズ・韓国・北朝鮮の思惑を探る

安重根は韓国の英雄か、それとも悪魔か

安重根 & 朴《パク》槿《ク》恵《ネ》大統領守護霊の霊言

なぜ韓国は、中国にすり寄るのか？従軍慰安婦の次は、安重根像の設置を打ち出す朴槿惠・韓国大統領の恐るべき真意が明らかに。

1,400円

神に誓って「従軍慰安婦」は実在したか

いまこそ、「歴史認識」というウソの連鎖を断つ！ 元従軍慰安婦を名乗る2人の守護霊インタビューを刊行！ 慰安婦問題に隠された驚くべき陰謀とは!?

【幸福実現党刊】

1,400円

北朝鮮の未来透視に挑戦する

エドガー・ケイシー リーディング

「第2次朝鮮戦争」勃発か!? 核保有国となった北朝鮮と、その挑発に乗った韓国が激突。地獄に堕ちた"建国の父"金日成の霊言も同時収録。

1,400円

※表示価格は本体価格（税別）です。

大川隆法 霊言シリーズ・中国の今後を占う

中国と習近平に未来はあるか

反日デモの謎を解く

「反日デモ」も、「反原発・沖縄基地問題」も中国が仕組んだ日本占領への布石だった。緊迫する日中関係の未来を習近平氏守護霊に問う。
【幸福実現党刊】

1,400円

周恩来の予言

新中華帝国の隠れたる神

北朝鮮のミサイル問題の背後には、中国の思惑があった！ 現代中国を霊界から指導する周恩来が語った、戦慄の世界覇権戦略とは!?

1,400円

小室直樹の大予言

2015年 中華帝国の崩壊

世界征服か？ 内部崩壊か？ 孤高の国際政治学者・小室直樹が、習近平氏の国家戦略と中国の矛盾を分析。日本に国防の秘策を授ける。

1,400円

大川隆法 霊言シリーズ・マスコミの本音を直撃

ニュースキャスター 膳場貴子のスピリチュアル政治対話

守護霊インタビュー

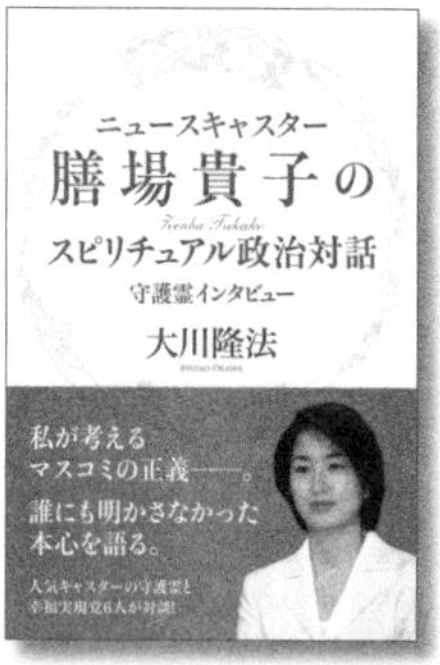

この国の未来を拓くために、何が必要なのか？ 才色兼備の人気キャスター守護霊と幸福実現党メンバーが、本音で語りあう。

【幸福実現党刊】

1,400円

ビートたけしが幸福実現党に挑戦状

おいらの「守護霊タックル」を受けてみな！

人気お笑いタレントにして世界的映画監督──。芸能界のゴッドファーザーが、ついに幸福実現党へ毒舌タックル！

【幸福実現党刊】

1,400円

筑紫哲也の大回心

天国からの緊急メッセージ

筑紫哲也氏は、死後、あの世で大回心を遂げていた!? TBSで活躍した人気キャスターが、いま、マスコミ人の良心にかけて訴える。

【幸福実現党刊】

1,400円

※表示価格は本体価格（税別）です。

幸福の科学グループのご案内

宗教、教育、政治、出版などの活動を通じて、地球的ユートピアの実現を目指しています。

宗教法人　幸福の科学

一九八六年に立宗。一九九一年に宗教法人格を取得。信仰の対象は、地球系霊団の最高大霊、主エル・カンターレ。世界百カ国以上の国々に信者を持ち、全人類救済という尊い使命のもと、信者は、「愛」と「悟り」と「ユートピア建設」の教えの実践、伝道に励んでいます。

（二〇一四年四月現在）

愛

幸福の科学の「愛」とは、与える愛です。これは、仏教の慈悲《じひ》や布施《ふせ》の精神と同じことです。信者は、仏法真理をお伝えすることを通して、多くの方に幸福な人生を送っていただくための活動に励んでいます。

悟り

「悟り」とは、自らが仏の子であることを知るということです。教学《きょうがく》や精神統一によって心を磨き、智慧《ちえ》を得て悩みを解決すると共に、天使・菩薩《ぼさつ》の境地を目指し、より多くの人を救える力を身につけていきます。

ユートピア建設

私たち人間は、地上に理想世界を建設するという尊い使命を持って生まれてきています。社会の悪を押しとどめ、善を推し進めるために、信者はさまざまな活動に積極的に参加しています。

国内外の世界で貧困や災害、心の病で苦しんでいる人々に対しては、現地メンバーや支援団体と連携して、物心両面にわたり、あらゆる手段で手を差し伸べています。

年間約３万人の自殺者を減らすため、全国各地で街頭キャンペーンを展開しています。

公式サイト **www.withyou-hs.net**

ヘレン・ケラーを理想として活動する、ハンディキャップを持つ方とボランティアの会です。視聴覚障害者、肢体不自由な方々に仏法真理を学んでいただくための、さまざまなサポートをしています。

公式サイト **www.helen-hs.net**

INFORMATION

お近くの精舎・支部・拠点など、お問い合わせは、こちらまで！

幸福の科学サービスセンター

TEL. 03-5793-1727（受付時間 火〜金：10〜20時／土・日：10〜18時）

宗教法人 幸福の科学 公式サイト happy-science.jp

教育

学校法人 幸福の科学学園

学校法人 幸福の科学学園は、幸福の科学の教育理念のもとにつくられた教育機関です。人間にとって最も大切な宗教教育の導入を通じて精神性を高めながら、ユートピア建設に貢献する人材輩出を目指しています。

幸福の科学学園

中学校・高等学校（那須本校）

2010年4月開校・栃木県那須郡（男女共学・全寮制）

TEL **0287-75-7777**

公式サイト **happy-science.ac.jp**

関西中学校・高等学校（関西校）

2013年4月開校・滋賀県大津市（男女共学・寮及び通学）

TEL **077-573-7774**

公式サイト **kansai.happy-science.ac.jp**

幸福の科学大学（仮称・設置認可申請中）

2015年開学予定

TEL **03-6277-7248**（幸福の科学 大学準備室）

公式サイト **university.happy-science.jp**

仏法真理塾「サクセスNo.1」 TEL **03-5750-0747**（東京本校）

小・中・高校生が、信仰教育を基礎にしながら、「勉強も『心の修行』」と考えて学んでいます。

不登校児支援スクール「ネバー・マインド」 TEL **03-5750-1741**

心の面からのアプローチを重視して、不登校の子供たちを支援しています。
また、障害児支援の「**ユー・アー・エンゼル!**」運動も行っています。

エンゼルプランV TEL **03-5750-0757**

幼少時からの心の教育を大切にして、信仰をベースにした幼児教育を行っています。

シニア・プラン21 TEL **03-6384-0778**

希望に満ちた生涯現役人生のために、年齢を問わず、多くの方が学んでいます。

NPO 活動支援

学校からのいじめ追放を目指し、さまざまな社会提言をしています。また、各地でのシンポジウムや学校への啓発ポスター掲示等に取り組むNPO「いじめから子供を守ろう！ネットワーク」を支援しています。

公式サイト **mamoro.org**

相談窓口 **TEL.03-5719-2170**

ブログ **mamoro.blog86.fc2.com**

政治

幸福実現党

内《ない》憂《ゆう》外《がい》患《かん》の国難に立ち向かうべく、二〇〇九年五月に幸福実現党を立党しました。創立者である大川隆法党総裁の精神的指導のもと、宗教だけでは解決できない問題に取り組み、幸福を具体化するための力になっています。

党員の機関紙
「幸福実現NEWS」

TEL 03-6441-0754
公式サイト hr-party.jp

出版 メディア 事業

幸福の科学出版

大川隆法総裁の仏法真理の書を中心に、ビジネス、自己啓発、小説など、さまざまなジャンルの書籍・雑誌を出版しています。他にも、映画事業、文学・学術発展のための振興事業、テレビ・ラジオ番組の提供など、幸福の科学文化を広げる事業を行っています。

アー・ユー・ハッピー?
are-you-happy.com

ザ・リバティ
the-liberty.com

幸福の科学出版
TEL 03-5573-7700
公式サイト irhpress.co.jp

THE FACT

ザ・ファクト
マスコミが報道しない
「事実」を世界に伝える
ネット・オピニオン番組

Youtubeにて
随時好評配信中!

ザ・ファクト　検索